BEI GRIN MACHT SICH ...
WISSEN BEZAHLT

- Wir veröffentlichen Ihre Hausarbeit,
  Bachelor- und Masterarbeit

- Ihr eigenes eBook und Buch -
  weltweit in allen wichtigen Shops

- Verdienen Sie an jedem Verkauf

**Jetzt bei www.GRIN.com hochladen
und kostenlos publizieren**

Hermann Hutter

Target Pricing für IT-Produkte

GRIN Verlag

Bibliografische Information der Deutschen Nationalbibliothek:

Die Deutsche Bibliothek verzeichnet diese Publikation in der Deutschen National-
bibliografie; detaillierte bibliografische Daten sind im Internet über http://dnb.d-
nb.de/ abrufbar.

Impressum:

Copyright © 2004 GRIN Verlag GmbH
Druck und Bindung: Books on Demand GmbH, Norderstedt Germany
ISBN: 978-3-638-74818-6

Dieses Buch bei GRIN:

http://www.grin.com/de/e-book/26861/target-pricing-fuer-it-produkte

GRIN - Your knowledge has value

Der GRIN Verlag publiziert seit 1998 wissenschaftliche Arbeiten von Studenten, Hochschullehrern und anderen Akademikern als eBook und gedrucktes Buch. Die Verlagswebsite www.grin.com ist die ideale Plattform zur Veröffentlichung von Hausarbeiten, Abschlussarbeiten, wissenschaftlichen Aufsätzen, Dissertationen und Fachbüchern.

Besuchen Sie uns im Internet:

http://www.grin.com/

http://www.facebook.com/grincom

http://www.twitter.com/grin_com

Universität Siegen
Lehrstuhl für Wirtschaftsinformatik

Target Pricing für IT-Produkte

Seminar WS 2003/2004

von
Hermann Hutter

Inhaltsverzeichnis

1 Motivation

Die nachfolgenden Seiten befassen sich im Rahmen einer Seminararbeit mit dem Thema **Target Pricing** (dt. Zielpreis), einem Managementkonzept, welches zur Preisbestimmung bei Neueinführung eines Produktes eingesetzt wird. Der aus Japan stammende Ansatz hat das Ziel, dem Kunden marktgerechte Produkte/Leistungen innerhalb eines marktgerechten Preis-/Kostenrahmens anzubieten. [Lak93] Target Pricing dient dabei als Vorstufe des **Target Costing**, welches auf dem Prinzip basiert, Produktpreis, -struktur und -kosten aus den aktuellen Marktanforderungen abzuleiten und nicht mehr durch die traditionelle Kosten-Plus-Kalkulation zu ermitteln. [HM03] Die systematische Entwicklung des Target Pricing/Target Costing erfolgte in Japan in den 60er Jahren und seit Ende der 80er Jahre ist dieser Ansatz aufgrund der sich verschärfenden Kostensituation auch in Europa und besonders in Deutschland unter dem Namen "Marktorientiertes Zielkostenmanagement" weit verbreitet. [HM03]

Im weiteren Verlauf wird näher auf die Notwendigkeit dieses Verfahrens sowie die Innovation bzgl. der traditionellen Preiskalkulation eingegangen und die Vorgehensweise beschrieben. Target Pricing und Target Costing –Begriffe, die im Folgenden zusammengehörend anzusehen sind– werden hierbei im besonderen mit einem Blick auf IT-Produkte betrachtet. Abschliessend wird auch ein praxistypisches Beispiel aufgezeigt.

2 Probleme der Preisgestaltung

In den letzten Jahren ist es in vielen technisch-orientierten Branchen (z.b. IT-Sektor, Maschinenbau) Brauch gewesen, mehr an die Produkte und die zu entwickelnde Technik zu denken, als wirklich den erzielten Kundennutzen zu betrachten. Es wurde dabei derart an der Technikverbesserung gearbeitet, dass sich eine "Technikverliebtheit" breit gemacht hat, was in einigen Unternehmen zum "technologischen Overkill" und dadurch zu "Overcosts" geführt hat, gerade auch auf deutschen Märkten, da deutsche Unternehmen eher technik- als marktgetrieben sind. [Lak93] In Zeiten von zunehmendem Konkurrenzdruck sind aber insbesondere der Kunde und dessen Wünsche wichtig, da nur ein optimales Preis-Leistungsverhältnis am Markt zählt. Dies gilt bei Firmenkunden noch mehr als bei den zunehmend aufgeklärteren Privatkunden, weil diese meist Alternativen zu einem Produkt haben und daher nur durch harten Fakten zu überzeugen sind. Mehr Funktionalitäten erzielen nicht zwangsläufig einen höheren Preis, gerade nicht in Bereichen, wo der Lebenszyklus eines Produktes eher kurz ist (z.B. Software).

An dieser Stelle setzt Target Pricing an. Es schafft einen Konsens zwischen der Preisbereitschaft des Marktes und den unternehmensinternen Kostenstrukturen. [SD98]

2.1 Bedeutung des Preises

Beim Target Pricing geht es darum, einen geeigneten Zielpreis für das neue Produkt abzuleiten. Dieser ist ein besonderes Instrument, da er für den Kunden das Opfer darstellt, das er erbringen muss, wenn er den Produktnutzen haben will. Dieses Opfer wird der Kunde nur dann erbringen, wenn er für sich glaubt, dass der Nutzen grösser ist als der dazugehörige Preis.

> "Der Preis ist sicherlich die wichtigste und härteste Wettbewerbswaffe. Es wird geschätzt, daß eine Preisänderung eine ca. 20mal höhere Wirkung auf den Absatz von Produkten hat als eine Änderung des Werbebudgets." [KS97]

Abbildung 1: Instrumente des Marketing-Mix

Der Preis ist jedoch nur eines von mehreren Instrumenten des Marketing Mix (s. Abbildung 1) und sollte deshalb niemals isoliert, sondern stets im Zusammenhang mit den anderen Instrumenten gesehen werden. [Sim92] Nutzen und Preis werden stets gegeneinander abgewogen, und der Nutzen wird von jedem Einzelnen subjektiv bestimmt. Die Marketinginstrumente sind im Zusammenhang zu analysieren und zu optimieren. Dabei haben nicht alle Parameter die gleiche Gewichtung. Sicherlich fallen hierbei dem Produkt selber und dem Preis herausragende Rollen zu, während Instrumente wie Kommunikation (das Produkt bekannt machen) und Distribution (Produkt verfügbar machen) eher notwendige als hinreichende Bedingungen für den Erfolg eines Produktes darstellen. [Sim92] (*Beispiel: Am Scheitern von Video 2000 kann die Bedeutung der Kommunikation deutlich gemacht werden: es hatte echte Vorteile im Vergleich zum VHS-System, erlitt jedoch einen absoluten Fehlschlag, weil es nicht vom Kunden wahrgenommen wurde. Ähnlich erging es der MiniDisk, die sich trotz deutlicher Vorteile am Markt nicht durchsetzten konnte.*)

Im Vergleich zu anderen Marketingparametern hat das Instrument Preis noch weitere Besonderheiten:

- Preisänderungen haben eine *starke Wirkung* auf Absatz und Marktanteil.

- Die Nachfrage reagiert häufig *schneller* auf Preisänderungen als auf andere Maßnahmen (z.B. Werbung).

- Die Konkurrenz *reagiert* meist nicht nur schneller, sondern auch stärker auf Preis- als auf Werbemaßnahmen.

- Der Preis ist das einzige Marketinginstrument, bei dem keine Vorabinvestitionen und auch keine Vorlaufzeiten nötig sind. Damit kann auch in finanziellen Engpässen auf Marktgeschehnisse reagiert werden.

Diese Besonderheiten sind jedoch auch mit Risiken verbunden, denn eine Fehleinschätzung bzgl. der Kunden- oder Konkurrenzreaktion auf Preisänderungen kann zu Fehlern führen, die nur schwer wieder rückgängig gemacht werden können.

"Der Preis ist letztendlich nur der Reflektor der Produktleistung, der Kommunikation, der Positionierung im Distributionskanal [. . .]"[Sim92]

Aufgrund der Verstärkung des Preisdrucks gerade auch in der schnelllebigen IT-Branche müssen die noch bestehenden Preisspielräume gezielter und systematischer genutzt werden. Die Gewinnsteigerungspotentiale, welche sich hinter einem optimierten Preis befinden wurden lange Jahre eher unzulänglich und unprofessionell ausgeschöpft.[Sim92] Vielmehr wurde bei der Preisbildung auf dominierende Faustregeln und Intuition Wert gelegt. Mögliche Gewinnwirkungen sind daher verloren gegangen, nicht zuletzt weil man auch nicht die ganzen Zusammenhänge und benötigten Informationen hatte. Es herrschten unklare Vorstellungen hinsichtlich der Komplexität der Preisentscheidung. Es erweist sich oft als schwierig, den Kundennutzen des Produktes in Geldeinheiten zu erfassen, die Reaktionen der Konkurrenz oder des Marktes richtig einzuschätzen und gleichzeitig Kostenentwicklungen sowie die Interaktionen der Marketinginstrumente zu bedenken. Die Qualität einer Preisentscheidung ist umso besser, von je mehr Seiten man die Situation betrachtet.

Es ist deshalb nicht verwunderlich, dass der Preis bei Marketing Managern an erster Stelle steht. Ihm folgt die Produktdifferenzierung, da mangelnde Produktdifferenzierung eine stärkere Konkurrenz nach sich zieht und die Höhe des Preises damit noch an grösserer Bedeutung gewinnt. D.h. im Endeffekt ist es hauptsächlich der Preis, der die Entscheidung des Kunden beeinflusst und gerade deswegen sollte bei Produkteinführungen oder sogar noch vor der Produktentwicklung ein

Marktpreis ermittelt werden, der nachher zu dem gewünschten Umsatz führt. [KS97]
Dies gibt dem Unternehmen auch schon von vornherein ein Mass dafür, wie hoch
die Kosten (Target Costs) nachher in der Herstellung sein dürfen, denn ein Produkt
ist nur dann lukrativ, wenn die Kosten den Marktpreis nicht überschreiten.

2.2 Wege zur Preisfindung

Wenn es zu dem Schritt der Preisbildung kommt, stellt sich neben den oben erwähn-
ten inhaltlichen Schwierigkeiten nun die organisatorische Komplexität der Preisentscheidung dar. [Sim92] Unternehmensintern sind von der Preisbildung mehrere Bereiche (Controlling, Marketing, Vertrieb usw.) betroffen und müssen daher
mit einbezogen werden. Dies führt zu dem Problem, dass Personen aus den jeweiligen Bereichen oft unterschiedliche Auffassungen vom Preis und seinem Zu-
standekommen haben. So sehen Verkäufer beispielsweise den Preis als taktisches
Mittel, um den Kunden zum Kauf zu bewegen und verlangen eher einen grosser
Spielraum nach unten. Mitarbeiter aus dem Rechnungswesen/Controlling/Finanz-
bereich denken da eher entgegengesetzt. Sie akzeptieren lieber einen höheren als
einen niedrigeren Preis, ausgehend von der Kosten-Plus Kalkulation. In der Praxis
sind es dann auch meist diese Personen, die in Sachen Preis das letzte Wort haben,
was dazu führt, dass man in der Praxis sehr oft Preisbildung anhand der Kosten-
Plus Kalkulation vorfindet. [Lak93] Zu guter Letzt sind da noch die Preisvorstellungen des Top-Management, die an Umsatz und Gewinn interessiert sind. D.h.
bei der Preisfindung treffen mehrere unternehmensinterne Funktionen mit unterschiedlichen Auffassungen aufeinander, was zwangsläufig zu Konflikten führt.

Neben den Ansichten der verschiedenen Unternehmensbereiche sind es im We-
sentlichen drei Determinaten, die die Preisfindung bestimmen: [Sim92]

externe Gegebenheiten: hierzu zählen das Verhalten der Nachfrager und der Wettbewerber sowie staatliche Eingriffe,

interne Gegebenheiten: dies sind Kosten, Fähigkeiten des Unternehmens wie
Produktionskapazität, Finanzkraft,

Zielfunktion des Unternehmens: in der Praxis wird meist Gewinnmaximierung als Zielfunktion angesehen, wobei auch zwischen kurz- und langfristiger Gewinnmaximierung unterschieden wird.

Aufgrund der obigen Preisdeterminaten haben sich in der Praxis einige Konzepte zur Preisfindung herauskristallisiert von denen hier drei typische kurz vorgestellt werden: [Fis]

Konkurrenzorientierte Preisbestimmung (competitive pricing): Hierbei handelt es sich um ein marktorientiertes Verfahren bei dem sich der Entscheidungsträger nach den Preisen der Konkurrenz richtet, entweder an denen des Marktführers oder an den Durchschnittspreisen der jeweiligen Branche. Unterschiedliche Ziele der Konkurrenten, Nachfrage- und Kostensituationen werden nicht berücksichtigt. (Beispiel: *http://www.3sfventures.com*)

Nachfrageorientierte Preisbestimmung (demand-based pricing): Bei nachfrageorientiertem Pricing –ebenfalls ein marktorientiertes Verfahren– sind neben den Preisen der Konkurrenz noch andere Marktdaten entscheidungsrelevant. Es treten vor allem die Wertvorstellungen des Kunden bzgl. der Leistung des Produktes in den Vordergrund, wobei im Rahmen einer Marktforschung das Verhältnis der Verbraucher zur Leistung festgestellt wird (Welchen Preis ist er bereit zu zahlen?, Welches Image hat das Produkt?, ...). Durch eine Vielzahl an Preistests werden die Preisvorstellungen der Kunden bestimmt, beabsichtigte Preise geprüft und angemessene Preishöhen ermittelt. (*Target Pricing wird in diesem Zusammenhang vorgestellt*)

Kostenorientierte Preisbestimmung (cost-based pricing): Hier orientiert sich der Entscheidungsträger nicht am Markt, sondern an den internen Kosten. Auf diese wird ein Gewinnzuschlag aufaddiert, was dann zum Preis führt (Kosten-Plus Kalkulation). Hierbei können auch Preisuntergrenzen berechnet werden. Diese Art der Preisbestimmung ist in der Praxis weit verbreitet. (*traditionelle Methode*)

Anhand des japanischen Managementkonzepts Target Pricing/Target Costing soll nun im Folgenden gezeigt werden, wo die Vorteile dieser neuen Methode zur Preisbestimmung liegen und wie damit versteckte Gewinnwirkungen erzielt werden können.

3 Managementkonzept Target Pricing

Gerade bei Neueinführungen ist der Preis sehr entscheidend, da der meiste Gewinn in den ersten Wochen und Monaten erzielt wird. Der Ansatz des Target Pricing hilft dabei, den Markt und im Besonderen die Kunden selber in den Prozess der Preisbestimmung und der Produktleistung konsequent einzubeziehen. Das traditionelle Vorgehen "Was wird ein Produkt kosten?" wird dabei durch Target Pricing – "Was darf ein Produkt kosten?" abgelöst. [Lak93] Dabei werden auch schon vor der Produktentwicklung Kundenbedürfnisse ermittelt, um nur die Funktionalitäten zu bestimmen, für die der Kunde auch bereit ist, entsprechend mehr zu bezahlen.

3.1 Outside-in statt Inside-out

Lange Jahre ist es bei vielen Unternehmen Brauch gewesen, bei der Produkt- und Preisentwicklung sequentiell derart vorzugehen, dass zuerst technologisch machbare Produkte konzipiert werden und dann der Preis dafür auf der Grundlage der Kosten zzgl. einer Gewinnmarge festgelegt wird (Kosten-Plus Kalkulation). Diese kostenorientierte Preisbestimmung erfolgt aber ohne Berücksichtigung der Marktbedürfnisse (vgl. 2.2 Bedeutung des Preises).

Inwieweit der ermittelte Preis letztendlich mit den Kundenanforderungen übereinstimmt, wird erst bei der Markteinführung festgestellt. Wenn der Preis dann zu hoch ist, wird viel von dem Vorteil des neuen Produktes eingebüsst. Fehleinschätzungen werden vom Markt nicht vergeben und Fehler, die hier gemacht werden, sind zu einem späteren Zeitpunkt kaum noch zu kompensieren. Umgekehrt gehen dem Unternehmen ebenfalls mögliche Gewinne verloren, wenn der Preis zu niedrig ist. Dieses "Inside-out-Vorgehen" [SD98] ist bei der heutigen Marktlage mit grosser Konkurrenz kaum noch durchzuhalten. Dabei besteht die Gefahr, sich durch die interne Kostensituation aus dem Markt zu kalkulieren, indem Preise so hoch angesetzt werden, dass jede Nachfrage erlischt. So ist es keine Seltenheit, dass Projekte frühzeitig abgebrochen werden, wenn man merkt, dass die vermeintlichen Kosten den am Markt erzielbaren Preis übersteigen, vorausgesetzt es wird überhaupt erkannt. (*Beispiel: Porsche 989*)

Mehr Erfolg hat da eine vorgezogene Produkt-, Preis- und Kostenanalyse nach
dem "Outside-in-Prinzip" [SD98], wo die Bedürfnisse des Marktes schon vor der
eigentlichen Produktentwicklung einfliessen.

3.1.1 Vorgehensweise beim Target Pricing

Der Grundgedanke beim Target Pricing besteht aus dem Outside-In-Prinzip. Dabei meint man mit dem Target Pricing- bzw. Costing-Ansatz:

> "Konzeption eines konsequent auf den Kundennutzen ausgerichteten
> Produkt-/Leistungsangebots innerhalb des vom Markt/Kunden akzep-
> tierten Preisrahmens." [Lak93]

Das Ziel hierbei ist es also, ausgehend von den Kundenanforderungen, den vom
Markt akzeptierten Preis zu ermitteln und daraus durch Abzug der gewünschten Gewinnmarge (Gewinn-Minus Kalkulation) den entsprechenden Kostenrah-
men abzuleiten. Die ermittelten Kosten (Target Costs) dienen dann in der sich
anschliessenden Herstellungsphase als Bezugsgrösse und Richtlinie, setzen somit Target Pricing zwingend voraus.

Hinter diesem Ansatz sollte sich idealerweise eine ganzheitliche Ziel-Strategie
[SD98] befinden (s. Abbildung 2): innerhalb der Vorgaben aus dem Markt ein
möglichst kostengünstiges Produkt zu liefern. Der erste Schritt ist dabei die Iden-

Abbildung 2: Die ganzheitliche Ziel-Strategie

tifikation und Definition der Zielsegmente (Regionen, Anwendungen etc.). Auf-
bauend auf den ersten Schritt erfolgt die eigene Zielposition in den Zielsegmen-
ten, wobei unter anderem die Gesamtpositionierung und das Image des Unternehmens zu berücksichtigen sind, d.h. wer sich ein Billiganbieterimage geschaffen

hat, kann sich mit einem technisch hervorragenden Produkt mit entsprechendem Preis kaum durchsetzen.

Liegt die Gesamtpositionierung fest, müssen die Kundenanforderungen aus dem Zielsegment an das Produkt, den Service und den Preis genau ermittelt werden. In der Praxis zeigt sich, dass diese Abschätzungen die grössten Probleme darstellen. Eine ganz gut funktionierende Methode ist dabei Conjoint Measurement, mit der der Kundennutzen für einzelne Produktmerkmale indirekt gemessen werden kann (s. 3.2 Conjoint Measurement). Abschliessend erfolgt dann die Bestimmung des optimalen Zielpreises und abzüglich der Gewinnmarge die Zielkosten. Ferner kann noch die bei diesem Preis erzielbare Absatzmenge und damit der Zielumsatz bestimmt werden und ausgehend davon dann der Zielgewinn. [Lak93]

3.1.2   Target Pricing als Basis des Target Costing

Nach der Analyse der Marktdaten und der Zielfestlegung gemäß der Ziel-Strategie wird jetzt versucht, die Wünsche des Kunden in das Produkt einfliessen zu lassen, um ein möglichst optimales Preis-Leistungsverhältnis anbieten zu können. Kommt es zu dem Fall, dass die vom Markt erlaubten Kosten geringer sind als die bisherigen Unternehmens-Standardproduktkosten, müssen Kosten reduziert werden, will man das Projekt zu Ende bringen. Kosten können umso mehr beeinflusst werden, je früher dies geschieht. Daher sollten schon in frühen Phasen der Produktentwicklung Zielvorgaben bestimmt werden, denn in aufbauenden Phasen sind immer weniger Kostenreduzierungen möglich, entsprechend der 80/20-Regel ("80% der später tatsächlich anfallenden Kosten werden bereits in den ersten 20% des Produkt- und Prozessentstehungsprozesses determiniert.") [Sei03]

Gerade dies ist der entscheidende Punkt, wieso Target Pricing in der heutigen Zeit immer mehr zum Muss wird: bessere Kostenbeeinflussungsmöglichkeiten aufgrund einer vorzeitigen Preisanalyse.

> "Target Costing und Target Pricing sind zwei Seiten einer Medaille im Rahmen der kundenorientierten Entwicklung von neuen Produkten und Dienstleistungen."   [Sei03]

Unterschiede entstehen dadurch, dass beim Target Pricing die Frage nach der optimalen Festlegung von Preispunkten für das Produkt –in den Phasen vor der eigentlichen Markteinführung– im Vordergrund steht, während die exakte Festlegung der Preise einzelner Produktfunktionen im Rahmen des Target Costing (Marktorientiertes Zielkostenmanagement) erfolgt. [Sei03] Für einzelne Merkmale des Produkts sind technische Leistungsniveaus zu bestimmen, bei denen sich Grenznutzen und Grenzkosten entsprechen, d.h. bei denen die Differenz zwischen Nutzen und Kosten maximal ist (s. Abbildung 3) [SD98], d.h. die Leistung wird nicht maximiert, sondern bzgl. Marktanforderungen optimiert, was zu zusätzlichem Gewinn führt. Das Produkt wird nur dann mit weiteren Funktionen erweitert, wenn der Kunde auch bereit ist, für die zusätzlichen Kosten zu bezahlen.

In Abbildung 3 wird deutlich, dass ein Leistungsniveau von B gesteigert, eines von A reduziert werden sollte, da in Niveau B der Grenznutzen und somit auch die zusätzliche Zahlungsbereitschaft die Grenzkosten übersteigt. Bei Niveau A sind die Grenzkosten grösser als der zusätzliche Kundennutzen: dies ist eine typische Situation bei extrem technikorientierten Unternehmen. Die Kurve Kundennutzen (Zahlungsbereitschaft) ist das Produkt der vorherigen Markt- und Preisanalyse (s. 3.2 Conjoint Measurement).

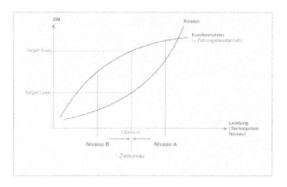

Abbildung 3: Konzept des Target Pricing und Target Costing

3.1.3 Target Pricing, Profit Planning und Target Costing

Bei der ganzen Kostenanalyse darf man nicht den Fehler machen, sich zu stark auf eine Sicht zu konzentrieren. Vielmehr gilt es, alle Summanden der "klassischen Gleichung" eingehend zu behandeln:

$$Target\ Costs\ =\ Target\ Price\ -\ Target\ Profit \qquad [\text{HM03}]$$

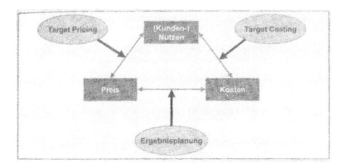

Abbildung 4: Integriertes Preis-, Ergebnis, und Kostenmanagement

So sind in den jeweiligen Schritten einige Fragen zu klären (s. auch Abbildung 4):

Target Pricing (Preis und Nutzen integrieren):

⇒ Welchen Preis akzeptiert der Kunde für ein Produkt mit welchen Eigenschaften?

⇒ Wie hoch sind die Volumenerwartungen?

⇒ Welcher Lebenszyklus (Marktanteil, Absatzvolumen, Lebensdauer) wird prognostiziert?

Profit Planning (Ergebnisziel bestimmen):

⇒ Welche Profitvorstellungen haben die Unternehmung bzw. die Anteilseigner?

⇒ Wie wird die Profit-Festlegung im aktuellen Projekt gewählt?

⇒ Wie sind die Profiterwartungen im Lebenszyklus des Produkts verteilt?

Target Costing (Kundennutzen realisieren):

⇒ Wie können die Preis-Nutzenerwartungen der Kunden in die Produktentwicklung einbezogen werden?

⇒ Wie werden die ermittelten Preisgrössen in Kosten- bzw. Budgetgrössen umgesetzt?

⇒ Wie können die Zielkosten beim Produkt (und den Komponenten) realisiert werden?

Die Ergebnisse hieraus gilt es anschliesend zusammenzuführen und iterativ die Produktlösung zu optimieren: notwendig ist eine ganzheitliche Integration. Dies kann nur geschehen, wenn die betroffenen Funktionsbereiche involviert werden und "Betroffene zu Beteiligten gemacht werden" [HM03], damit den zuständigen Mitarbeitern die relevanten Informationen zum richtigen Zeitpunkt vorliegen. Dies setzt unabdingbar Teamarbeit voraus.

3.1.4 Operative Umsetzung

Mit den Marktanalysedaten aus Target Pricing und den Überlegungen bzgl. der zu realisierenden Produktfunktionen und dem dafür gültigen Kostenbudget aus Target Costing geht es nun zum eigentlichen Schritt: das Produkt herstellen. Hierbei ist es wichtig, dass Teams gebildet werden, in denen Mitarbeiter aus unterschiedlichen Unternehmensbereichen (Vertrieb/Marketing, F&E, Produktion, Einkauf, Controlling etc.) zusammenkommen. Dies hat den Vorteil, dass kompetente Fachkräfte das Produkt durch die gesamte Wertschöpfungskette begleiten und so genau überprüft werden kann, welche Leistungen unternehmensintern zu erbringen sind und auch erbracht werden können, oder welche extern geholt werden müssen oder besser sollten. Dabei sind sowohl strategische als auch ökonomische Überlegungen in die Entscheidung einzubeziehen. [Lak93]

Mit Blick auf das Zentralstück Preis in diesen Überlegungen machen "Querschnitteams" [Lak93] auch dahingehend Sinn, dass zur exakten Preisfestlegung alle relevanten Bereiche schon herstellungsbegleitend einbezogen werden, was der Preisbestimmung etwas von der organisatorischen Komplexität nimmt (s. 2.2 Wege zur Preisfindung).

3.2 Conjoint Measurement

In der Praxis wird der Kunde mit verschiedenen Alternativen konfrontiert, zwischen denen er sich dann entscheiden muss. Dieser "Trade-off" wird beim **Conjoint Measurement**, eine indirekte Befragungstechnik mit hoher Praxisrelevanz [Sim92], nachvollzogen. Das Vorgehen ist folgendermaßen: Dem Kunden werden zwei alternative reale oder noch nicht existierende (z.b. vor Produkteinführung) Produkte vorgelegt, zwischen denen er sich entscheiden muss. Dabei muss er abwägen, und durch Variation der Einzelfunktionen des Produktes und des Preises wird letztendlich deren Einzelbedeutung und Teilnutzenwert in Preiseinheiten bestimmt. Die Befragung erfolgt in Form eines Computer-Interviews, was den Vorteil hat, dass die bereits gegebenen Antworten in die neuen Paarvergleiche eingehen. In Abbildung 5 ist ein solcher möglicher Paarvergleich dargestellt:

Abbildung 5: Paarvergleich bei Conjoint-Measurement

Der Ablauf des Conjoint-Measurement lässt sich in 5 Phasen einteilen: [Kaf02]

1. Erkennen der relevanten Kaufmerkmale,

2. Festlegung der möglichen Ausprägungen je Kaufmerkmal,

3. Durchführung der Befragung,

4. Bestimmung der Gesamtnutzenfunktion sowie der Teilnutzenwerte und

5. Überlegungen zur Produktgestaltung.

Vorteile dieser Technik sind zum einen die wirklichkeitsgetreuen Ergebnisse durch die Computer-Befragung, zum anderen lassen sich anhand von Simulationsrechnungen Preis, Umsatz, Gewinn und Zielkosten ableiten.

4 Pricing im Bereich der IT-Produkte

Die IT-Kosten stellen einen sehr grossen Kostenpunkt in den Unternehmen dar, der stetig ansteigt. Die Unternehmen werden gezwungen, gezielter nur noch die IT-Leistungen zu kaufen, die auch wirklich notwendig sind. Für die Anbieter bedeutet das einen enormen Preisdruck, weil zusätzlich noch ein rapider Preisverfall bei den Produkten hinzukommt, was für diese zu einem erhöhten wirtschaftlichen Risiko führt. Das Konzept des Target Pricing/Target Costing gilt nicht nur bei Produkteinführungen für Endverbraucher, sondern gerade auch für individuelle Kundenlösungen. Dazu gehören neben der Hard- und Software auch die "industrielle Dienstleistungen" [Sei03], also die technischen Leistungen, die mit einem **IT-Produkt** geliefert werden. Die Geschäftsbereiche eines Unternehmens benötigen zur Abwicklung ihrer Prozesse verschiedenartige Unterstützung durch IT, welche in Form von konkreten IT-Produkten erfolgt. Dabei handelt es sich um eine Kombination von IT-Komponenten, die wiederum Hardware-, Software- oder Organisationskomponenten sein können. [GA02]

4.1 Kennzeichnung eines IT-Produkts

Target Pricing macht im Besonderen bei den Unternehmen Sinn, die eine hohe Variantenzahl bei Produkten haben, mit kurzen Produktlebenszyklen und auf einem wettbewerbsintensiven Markt agieren, auf dem hoher Innovations- und Preisdruck herrscht. Dies gilt gerade für IT-Produkte, die ein Bündel aus IT-Ressourcen (belegter Plattenplatz, Hardware, Software usw.) und IT-Leistungen (Installation, Test, Beschaffung usw.) bilden (s. Abbildung 6). Dieses Bündel gilt es dann angemessen zu bepreisen, so dass der Kunde den Preis in bezug auf den Nutzen für angemessen hält. Ein IT-Produkt wird durch einen Leistungskatalog beschrieben, der auch eventuelle **Service Level Agreements (SLAs)** (z.B. Verfügbarkeit, Zuverlässigkeit) enthält. [Ber01] Hier werden die Leistungen mit den dazugehörigen Preisen detailliert erfasst. IT-Produkte sind in der Regel nicht von langer Dauer, da durch die schnelle Entwicklung in der IT, immer wieder neue Produkte hinzukommen und andere wieder wegfallen; das "Produktportfolio" ist dynamisch, da Anwendungen mit der Zeit abgelöst werden oder ganz wegfallen.

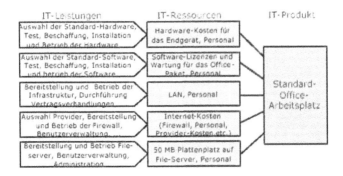

Abbildung 6: IT-Produkt als Bündel aus IT-Leistungen und IT-Ressourcen

Typische IT-Produkte sind beispielsweise Standard-Office-Arbeitsplatz, Internet-Zugang usw. Hier macht Target Pricing besonders Sinn, da IT-Produkte als Kundenlösung Leistungen gemäss den Kundenanforderungen bieten müssen und auf der anderen Seite nicht so techniküberladen sein dürfen. Der recht kurze Lebenszyklus beispielsweise eines Internet-Zugangs und die Vielzahl an Konkurrenzanbietern macht eine Preisfestlegung mit vorheriger Einbeziehung des Marktes zwingend: ansonsten werden mögliche Gewinne nicht realisiert oder der Kunde ist gar nicht erst bereit, das Produkt zu kaufen. Dabei werden Wettbewerbsvorteile gerade in diesem Bereich eher durch "Softfaktoren" wie Service, Dokumentation, Image/Vertrauen usw. als durch die harten technischen Daten (Kapazität, Schnelligkeit usw.) erzielt, da sich die IT-Produkte technisch weitgehend ähneln.

"Die Wettbewerbsvorteile der Zukunft und damit für das Pricing so wichtige Differenzierung von der Konkurrenz müssen daher zunehmend in den Softfaktoren gesucht und gefunden werden."   [KS97]

4.2 Beispiel einer Markteinführung

Als Beispiel soll eine Markteinführung aus der Praxis dienen. Das folgende Projekt wurde durch die Unternehmensberatung *Simon Kucher & Partners* durchgeführt. Vollständige Informationen hierzu sind unter [SK] im Bereich *Markteinführungsstrategie* abrufbar:

Problemstellung

Auf dem europäischen IT-Markt sollte ein neues Release einer Software eingeführt werden, welche einige technischen Vorteile gegenüber Wettbewerbsprodukten hatte. Aufgabe war es jetzt, basierend auf diesen Produktvorteilen eine kundenspezifische Wettbewerbsstrategie zu entwickeln.

Projektziel

Hinsichtlich der Markteinführung sollte nun eine Analyse bzgl. Produktfunktionalitäten, Preisgestaltung und Positionierung durchgeführt werden, konkret Antworten auf folgende Fragen finden:

- Wie hoch ist der Nutzen einzelner Software-Funktionalitäten aus Sicht der Kunden?

- Was ist der Kunde bereit, für diese Funktionalitäten zu bezahlen?

- Soll die Software in einzelnen Modulen angeboten werden, wenn ja in welchen?

- Welches ist der gewinnoptimale Preis?

Vorgehensweise

1. **Definition des Projekts:** Die Fragestellung spezifizieren und das Wissen über den Markt zusammentragen.

2. **Ermittlung der Kundenbedürfnisse:** Neben den Kundenbedürfnissen werden auch die Wahrnehmung bzgl. des Unternehmens, der Wettbewerber sowie der relevanten Produkte ermittelt. Dies geschieht durch computerunterstützte Interviews (Conjoint Measurement) mit Kunden und Nicht-Kunden.

3. **Entwicklung einer Produkt- und Preisstrategie:** Die Daten des Conjoint Measurement wurden in ein Marktsimulationsmodell eingefügt, welches die Maximierung des Gewinns berechnete.

Projektergebnisse

- Unterteilung der Software in Module

- Festlegung konkreter Preise für die einzelnen Module

- Identifikation der Produktvorteile mit dem höchsten Kundennutzen

- Bestimmung eines optimalen Preises (Gewinnmaximum), der 20% über dem derzeitigen Preisniveau lag

Dieses Beispiel soll zeigen, wie wichtig es für Unternehmen ist, eine gründliche Analyse des Marktes in die Preisentscheidung einfliessen zu lassen. Dies macht gerade bei solchen Markteinführungen Sinn, die es ohnehin schon wegen eines wettbewerbsintensiven Marktes schwer haben, und ein solches Vorgehen deckt oft noch versteckte Gewinnmöglichkeiten auf (*+20% im oblgen Beispiel*).

5 Fazit

Das Konzept des Target Pricing/Target Costing soll helfen, den Unternehmen bei
Markteinführungen und individuellen Kundenlösungen eine gewisse Absicherung
zu verschaffen und das Flop-Risiko zu senken. Dies geschieht durch Analysen
(Conjoint Measurement), die den Kundennutzen in Verbindung mit der Zahlungsbereitschaft ermitteln, was dann in die Produktentwicklung mit einbezogen wird:
wenn man weiss, was der Kunde genau haben will und bereit ist dafür zu bezahlen, ist eine gewisse Sicherheit bzgl. des Absatzes gegeben. Versteckte Gewinnmöglichkeiten werden dadurch realisiert, dass das Produkt iterativ mit solchen Leistungen erweitert wird, die der Kunde auch zusätzlich bezahlen würde.
Dies ist vielleicht die wichtigste Erkenntnis: zu sehen, dass ein "technischer Overkill" des Produktes nicht zwangsläufig zu einem höheren Gewinn führt. Die stati-
sche Kosten-Plus Kalkulation wird nun durch das dynamische Target Pricing abgelöst. Dies führt unternehmensintern zu mehr Innovation und Dynamik, da fort-
laufend auf die tatsächlich vorherrschenden Marktbedürfnisse eingegangen wird.

Letztendlich gewinnen beide Seiten: die Kunden und auch die Unternehmen. Die
Unternehmen realisieren mit dem Produkt maximale Gewinne, weil die optima-
le Zahlungsbereitschaft der Kunden ausgenutzt wird und müssen auf der anderen
Seite bei der Produktentwicklung nur die wirklich gewollten Funktionalitäten integrieren, was intern zu Kostenersparnissen führt. Ferner lässt sich entscheiden, ob
sich die Herstellung eines neuen Produktes überhaupt lohnt. Dies bedeutet, dass
die Kunden ein für sie abgestimmtes kostengünstiges Paket erhalten, mit einem in
ihrer Wahrnehmung optimalen Preis-Leistungsverhältnis.

Man darf jetzt allerdings nicht den Fehler machen, Target Pricing als sichere For-
mel zu sehen, deren Einhaltung immer zum richtigen Ergebnis führt. Zum einen
ist der Preis nicht das einzige Instrument des Marketing-Mix und zum anderen
hängt alles von der Richtigkeit der Analysedaten und der Ziel-Strategie ab. Fehler, die hier gemacht werden richten mehr Schaden an, als die Fortführung des
traditionellen Vorgehens, gerade bei Einführung von IT-Produkten.

   "Es ist Management, keine Rechentechnik!"   [HM03]

Abbildungsverzeichnis

Literatur

[Ber01] Claudia Bertleff. Einführung einer IT-Leistungsverrechnung zur Unterstützung des strategischen IT-Controllings. In *Strategisches IT-Controlling*, pages 57–67. Heidi Heilmann (Hrsg.), 2001.

[Fis] Regina Fischer. Verfahren und Probleme der Preiskalkulation in Dienstleistungsunternehmen. *http://www.verkauf-aktuell.de/fb0409.htm.* Abruf: 2004-04-06.

[GA02] Christiane Gernert and Norbert Ahrend. *IT-Management: System statt Chaos.* 2. edition, 2002.

[HM03] Péter Horváth and Klaus Möller. Target Pricing und Profit Planning. In *Handbuch Preispolitik*, pages 455–480. Hermann Diller (Hrsg.), 1. edition, 2003.

[Kaf02] Tobias Kafurke. Conjoint-Measurement, 2002. Abruf: 2004-04-08 *http://www.unternehmerinfo.de/Lexikon/C/Conjoint_M.htm.*

[KS97] Eckhard Kucher and Hermann Simon. Market Pricing als Basis des Target Costing. In *Kostenmanagement*, volume 33, pages 141–161. Klaus-Peter Franz and Peter Kajüter (Hrsg.), 1997.

[Lak93] Michael Laker. Was darf ein Produkt kosten? *Gabler's Magazin*, (3): S.61–63, 1993.

[SD98] Hermann Simon and Denise Dahlhoff. Target Pricing and Target Costing mit Conjoint Measurement. *Controlling*, 10(2): S.92–96, 1998.

[Sei03] Werner Seidenschwarz. Target Costing. In *Handbuch Preispolitik*, pages 437–453. Hermann Diller (Hrsg.), 1. edition, 2003.

[Sim92] Hermann Simon. *Preismanagement.* 2. edition, 1992.

[SK] Hermann Simon and Eckhard Kucher. Informationstechnologie. *http://www.simon-kucher.com/deutsch/branchen/hightech/infotech1.htm* Abruf: 2004-04-14.